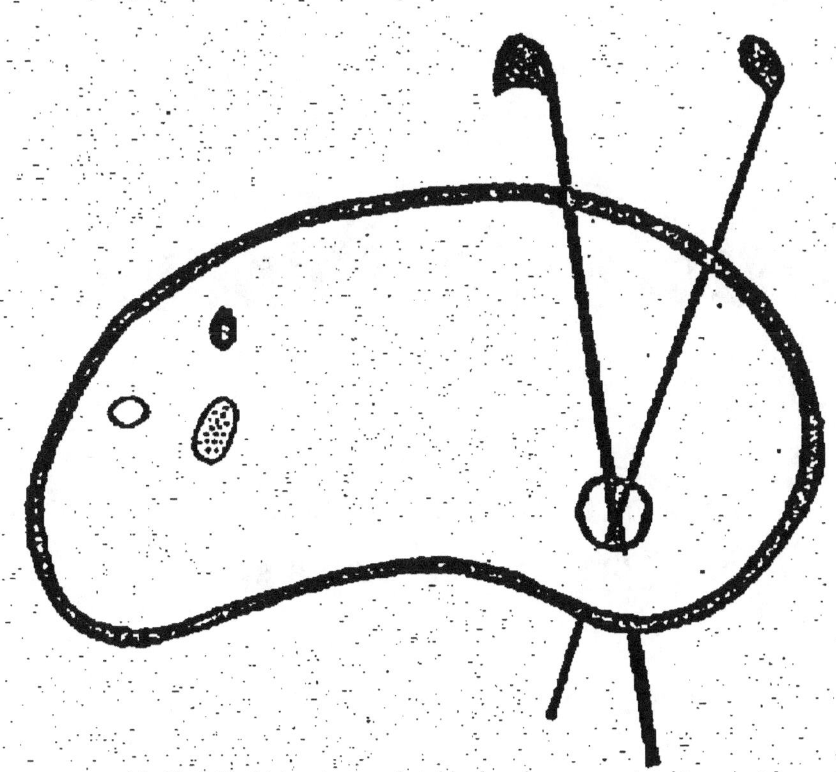

DEBUT D'UNE SERIE DE DOCUMENTS
EN COULEUR

Jean CLÉMENT

et

Maurice BOUCHOR

LES
Groupes de Pupilles

L'ÉDUCATION DE L'ENFANT
DANS LES MILIEUX OUVRIERS

ÉDITIONS DE
" *LA VIE OUVRIÈRE* "
96, Quai Jemmapes, Paris-X°

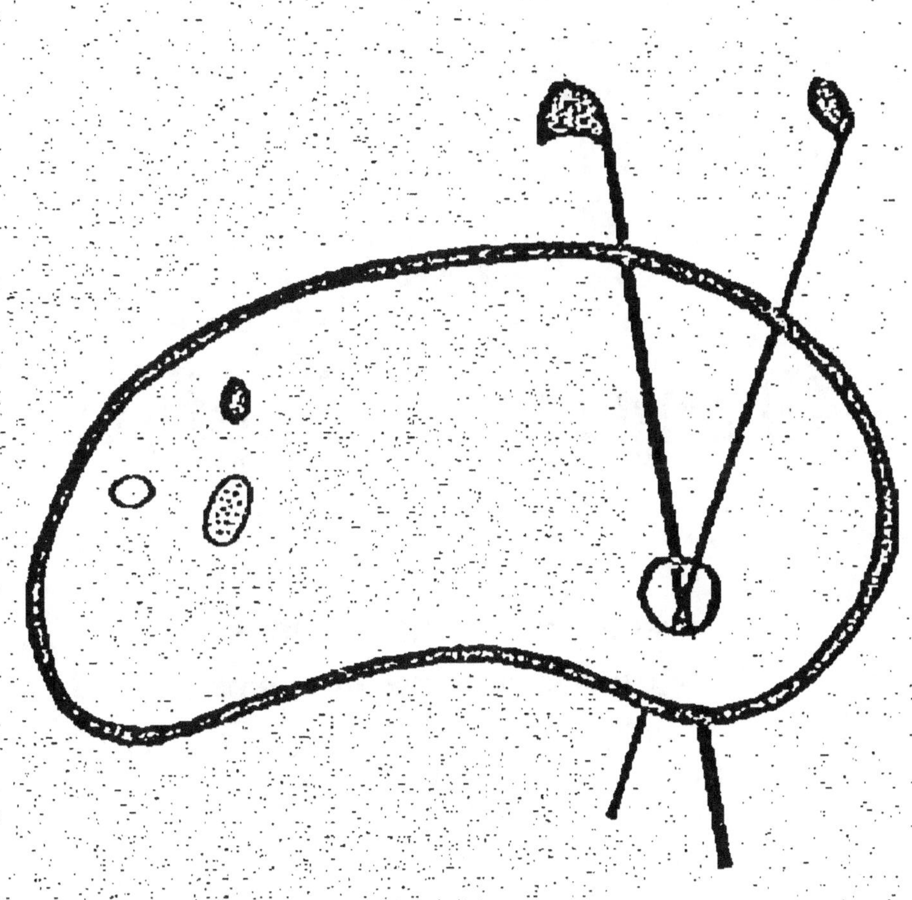

FIN D'UNE SERIE DE DOCUMENTS
EN COULEUR

Léon CLÉMENT

et

Maurice BOUCHOR

LES
Groupes de Pupilles

L'ÉDUCATION DE L'ENFANT
DANS LES MILIEUX OUVRIERS

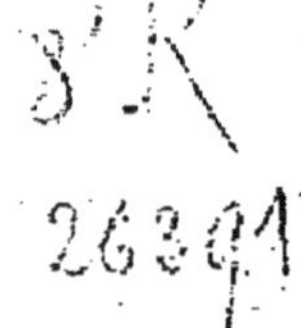

ÉDITIONS DE
"LA VIE OUVRIÈRE"
96, Quai Jemmapes, Paris-X[e]

NOTE DE L'ÉDITEUR

Nous tirons d'un sommeil de trois ans les deux études qui composent cette brochure. La première fut publiée déjà dans le n° du 20 oct. 1909 de la Vie Ouvrière. La deuxième, la plus étendue, qui est moins une réponse qu'une importante série de remarques développées à son propos, était demeurée en manuscrit. Nous prions ici M. Maurice Bouchor d'excuser le long silence auquel nous avons condamné les conseils de sa grande expérience.

Ces deux études sont enfin publiées côte à côte. Nous les donnons telles qu'elles furent écrites il y a trois ans. Nulle retouche ne nous a semblé nécessaire ni désirable. Cela seul suffit à attester que ces pages n'ont pas vieilli et qu'elles gardent leur plein intérêt.

Nous disons plus. Aujourd'hui elles seront lues avec plus de profit et s'adresseront à un public plus nombreux.

Depuis trois ans, le nombre des groupes de pupilles a augmenté. Dans nombre de Bourses du Travail et de Coopératives il en a été fondé. Dans un plus grand nombre encore le besoin d'en créer se manifeste. Partout les organisations ouvrières se préoccupent du problème de l'éducation de l'enfance ouvrière. Un journal bimensuel pour enfants, les Petits Bonshommes, a été fondé par la Ligue ouvrière de protection de l'enfance. Tout un mouvement est en train de s'ébranler; ses premiers pas sont faits. Les conseils, les observations, les recommandations de deux camarades expérimentés tels que Maurice Bouchor et Léon Clément viennent donc à leur heure.

Que l'on n'espère pas trouver ici une sorte de manuel pratique pour la fondation et l'administration d'un groupe de pupilles. Ce n'est pas l'objet de ce petit livre. Mais sa lecture, nous en sommes sûrs, aidera à mieux voir la tâche qui revient à ces groupes et préparera à la mieux remplir.

PREMIÈRE PARTIE

L'Éducation de l'Enfant

dans les milieux ouvriers

PAR

Léon CLÉMENT

L'UTILITÉ D'UN EFFORT

Cette préoccupation de l'éducation de l'enfant en dehors du contrôle et de la gestion de l'Etat est la preuve que la question sociale ne se restreint plus à une formule étroite, mais embrasse un ensemble de manifestations touchant à la fois les intérêts et les sentiments de la classe ouvrière. Toutes ces manifestations prennent un caractère « d'action directe ». A la lutte économique s'ajoute la lutte non moins indispensable pour la libération des cerveaux et la formation des individualités.

L'éducation! Quel monde d'activités et d'études. Détruire tous les systèmes absolutistes, supprimer les formules, ne pas les remplacer par de nouvelles, faire naître la curiosité, éveiller l'intelligence, faciliter le développement de l'originalité, provoquer des questions nombreuses sur les commentaires incompris : c'est combattre non seulement toutes les écoles religieuses, mais encore l'école laïque, l'école de l'Etat, qui a conservé non les termes, mais l'esprit dogmatique des écoles d'antan, et qui a remplacé le culte chrétien par celui de l'Etat, avec tout ce qui en résulte : patrie, propriété, drapeau, etc., créant un nouveau dogme indiscutable, une nouvelle chose sainte qu'on doit respecter de par la volonté des plus forts.

De plus, il est nécessaire de constater combien tout le système éducatif présent est peu attrayant pour l'esprit de l'enfant. L'étude devient une fatigue, presque une punition. Le bâtiment ou maison d'école a trop souvent l'aspect d'une caserne. Le professeur ou maître d'école n'a pas toujours les qualités d'un pédagogue, ou s'il les possède, fatigué par les obligations d'un programme étroit auquel il est soumis, par le nombre considérable d'élèves qu'il a l'obligation d'éduquer et qu'il ne peut que dresser, aigri par une vie précaire, il se désintéresse souvent de sa besogne et l'accomplit comme une corvée.

Finalement, un seul but est envisagé : l'obtention du certificat d'études, pauvre certificat qui ne prouve rien. Cependant, pour arriver à ce résultat, on a inculqué une foule de notions générales inutiles et quelquefois des plus incompréhensibles pour l'enfant. De là un surmenage intellectuel entraînant fréquemment le dégoût pour l'étude.

Pour obtenir de cet adolescent franchise, sincérité, et éveil de la pensée, il aurait fallu un travail considérable, impossible de par les difficultés et les nécessités sociales. Il aurait fallu réagir contre l'influence du premier milieu où il a été éduqué. En sorte que, une fois accaparé par la vie de l'atelier ou du bureau, si le hasard ne met pas sur son chemin quelque intelligent camarade provoquant dans son cerveau des éclaircissements nécessaires, s'il ne lit pas, le voilà devenu bientôt un rouage de la machine sociale ; électeur quelconque, être sans originalité de pensée et d'action : remplaçant un maître par un autre, une formule par une autre et considérant comme une réforme profonde le changement de couleur d'un drapeau.

Or, si nous nous rendons compte qu'une transformation réelle, complète, ne peut se faire qu'à la condition, d'une part, qu'il y ait éducation économique, et qu'il y ait, d'autre part, des individus en grand nombre qui soient « des caractères », il faut, en ce qui concerne cette dernière condition, une certaine préparation, une certaine tendance, un effort dans cette voie.

Pourquoi négligerions-nous cette forme d'activité directe? Activité qui déterminera, au surplus, des préoccupations d'ordre très élevé dans la pensée des militants qui s'intéresseront à cette tâche.

Il y a longtemps déjà que les libertaires ont manifesté ces opinions en diverses brochures qui peuvent ne pas nous satisfaire, mais qui n'en marquent pas moins l'intérêt porté à cette forme de la propagande. Mais il faut avouer que depuis peu de temps seulement des essais pratiques ont été tentés. Cela se comprend aisément et il suffit d'entreprendre une œuvre de ce genre, même très modestement, pour se rendre compte des difficultés matérielles qu'elle comporte, ainsi que la préparation particulière, l'étude que tous nous avons encore à faire, études pratiques, expériences méthodiques et suivies. Raison de plus pour s'y intéresser d'une façon effective et tenace. La société de demain se prépare un peu chaque jour ; c'est actuellement la période de tâtonnements, d'études, d'essais de méthodes nouvelles ; c'est de plus en plus le peuple qui agit par lui-même.

Pour contrecarrer l'influence des patronages cléricaux, — dans les grands centres tout au moins — des groupements se sont constitués sous le titre de patronages laïques. En dehors des cours d'enseignement, ces patronages se donnent pour but de continuer l'éducation donnée à l'école laïque : on y retrouve les mêmes défauts, avec en plus la possibilité pour certains organisateurs de conquérir les palmes ou autres faveurs ; ces patronages sont d'ailleurs placés, à peu près tous, sous un patronage officiel. Ce n'est donc pas là l'œuvre ouvrière proprement dite. On ne peut pas y trouver cette préoccupation de rénovation morale, sociale, car on ne peut jamais concilier l'arrivisme, même atténué, avec un souci d'éducation élevée.

Il y a quelques années, nous avions tenté, dans le XIIe arrondissement de Paris, de réunir un certain nombre d'enfants. Nous ne voyions pas à cette époque la possibilité d'intéresser à une œuvre de ce genre les organisations ouvrières. Cette œuvre, des plus modestes, insufflsante dans ses moyens d'action, ne vécut pas longtemps. Elle eut tout au moins pour résultat de nous convaincre de la logique des idées nouvelles en matière d'éducation. Avoir constaté la facilité avec laquelle on conquiert l'amitié de l'enfant le moins doué intellectuellement, la facilité également avec laquelle on arrive à éviter tout mensonge, toute jalousie sournoise, n'était-ce pas là des points importants ? Et nous nous disions : qu'obtiendrait-on si les éducateurs avaient à leur disposition un matériel d'enseignement approprié aux besoins de curiosité de l'enfant, s'ils avaient la possibilité matérielle de leur donner, avec les soins physiques, cette éducation morale, au milieu même des choses de la nature, parmi l'air et la lumière ?

La tentative de Paul Robin à Cempuis, le bruit fait autour de son nom et des méthodes pratiques d'enseignement employées par lui dans cette école, a provoqué d'importantes discussions tant sur la co-éducation que sur l'enseignement lui-même. Cela a contribué au réveil des consciences chez les éducateurs et les pédagogues ; le problème s'est mieux imposé à l'attention de tous.

II

LES PUPILLES DES SYNDICATS ET DES COOPÉRATIVES

Actuellement, un certain nombre de coopératives de consommation qui ne répartissent pas tous leurs bénéfices se sont mises à consacrer une partie de ces ressources à former des groupes d'enfants. L'Union des Syndicats de la Seine de son côté, certaines Bourses du Travail de province aussi, comme celle de Bourges, ont constitué de pareils groupements.

Cette création de groupes de pupilles prouve bien qu'un désir existe en ce qui concerne l'éducation dont nous parlons.

Les petits sont réunis ; quant à l'éducation qu'on leur donne, examinons-la. Les enfants sont réunis pour se réjouir, s'amuser, ou leur apprendre des chansons: les chansons dites « révolutionnaires », parce qu'elles expriment ce que nous pensons. Mais ces chansons, les termes en sont-ils compréhensibles pour les gosses ? Ceux-ci les chantent avec l'apparence d'une conviction qu'on sait leur donner. Certes, ils clament ces refrains avec une ardeur qui provoque les applaudissements des auditeurs. Mais notre but est-il atteint ? Ce succès répété me paraît dangereux et néfaste même. L'enfant, plus que l'adulte encore, a des tendances à devenir rapidement un cabotin. Se sachant regardé, applaudi, en lui se crée un état d'esprit absolument contraire à ce que nous nous proposons d'atteindre.

L'on pourrait également se demander : pourquoi cet

uniforme? ce béret rouge? cette cravate rouge? et cette bannière encore plus rouge ? Pourquoi ce besoin de façade qui ne prouve pas que la mentalité des enfants soit supérieure ? Pourquoi ces exhibitions constantes ?

Mieux encore, dans le compte rendu d'une fête à laquelle participaient plusieurs groupes d'enfants, l'*Humanité* déclarait que le succès avait été plus particulièrement pour tel groupe. Et nous prétendons combattre les tares de l'école laïque qui, avec ses punitions, ses récompenses, son classement, établit des degrés, des différences, et corrompt la simplicité de l'enfant ! La conséquence de tout cela n'est-ce pas toujours l'ignoble cabotinage qui déforme l'esprit.

Certes, il existe, dans ces groupements, des camarades dévoués, bien intentionnés, sincères ; cependant je crois qu'il ne suffit pas, en l'occasion, d'avoir de bonnes intentions ; il faut encore voir si le résultat *réel* correspond à nos espoirs.

En somme, si l'enfant n'est plus lui-même, s'il n'a plus cette vraie et gracieuse nature, sans recherche, sans pose, il n'est plus qu'un répugnant petit personnage, et je ne sais rien de plus douloureux que ce spectacle. Les prêtres ont fait de l'enfant un être sournois, les laïques un arriviste ; n'en faisons pas un être superficiel, prétentieux et grotesque.

Rien n'est évidemment plus beau que l'enfance joyeuse, l'enfant dans une fête créée pour lui, à la condition toutefois que ces fêtes ne deviennent pas l'occasion de manifestations de vanité.

Personnellement, j'ai une très grande confiance, au point de vue éducatif, dans la musique : cette expression la plus simple, la plus saisissante traduisant un sentiment ; mais, de même qu'il y a des textes idiots en littérature, il y a une mauvaise musique, qui, au lieu de développer le goût et la sensibilité, les atrophie. Il faut donc procéder avec beaucoup de tact dans le choix des chants. Ils sont rares ceux qui ont été écrits pour les enfants. Avant tout, pourquoi sont-ils si rares? Est-ce parce qu'ils doivent être simples ? Évidemment rien n'est plus difficile à créer. Les auteurs, en général, sont plus aptes à rechercher le mot à effet qu'à exprimer une émotion sincère.

Chanter, pour un gosse, est une chose naturelle. Les réunir et leur faire rythmer des airs jolis, qui soient de leur âge, airs simples comme il convient à des petits, rondes dans lesquelles ils acclameront ce qui les enchante : le soleil, le jeu, le printemps, voilà qui les animera ! Le fait de chanter leur est tellement agréable qu'ils précipitent la cadence, ne respectent plus les mesures ; mais cette gaieté et cette ardeur ont leur beauté.

Ecrire pour eux, c'est tenir compte de cela! c'est se subordonner à cette loi et non pas contrarier de façon pédantesque leur nature si intéressante.

Un auteur à peu près inconnu, François Jasmin, a écrit pour eux de ces choses délicieuses, basant toute sa morale sur l'observation des choses et des êtres : réflexions de gosses qui n'aiment pas ce qu'ils ne comprennent pas, qui se moquent des pédants, des menteurs, et cela avec des mots d'enfants. La musique : quelques notes, pas de complications. C'est le chant du soleil, des abeilles, des fleurs, etc. Combien, selon moi, la morale qui se dégage de telles phrases est de beaucoup supérieure à tout ce fatras de poèmes clinquants que ressassent nos pauvres gosses!

Mais il y a plus grave ; je lisais, il y a quelques mois, dans un numéro du *Bulletin de la Bourse des Coopératives socialistes de France,* que des coopérateurs, s'intéressant aux enfants, organisent des concours à leur intention. La singulière idée : qui dit concours ne dit-il pas récompense ? Et ces récompenses consistent pour les premiers à bénéficier d'un voyage à l'étranger. Certes, il est bon que les enfants voyagent. Mais c'est payer cher ce résultat que de sacrifier à la sotte méthode des concours. Et que demande-t-on à ces enfants ? Leurs idées sur la coopération ! Pauvres enfants à qui on pose des questions bien au-dessus de leur âge et qui embarrasseraient peut-être bien fort leurs parents eux-mêmes. Triste sujet! Triste méthode!

Mais voici encore le premier alinéa du sujet de concours : « Deux petits amis, Jacques et Marie, dont les parents sont membres de la même coopérative, bons écoliers tous deux, ayant été reçus *premiers* au Certificat d'études, ont eu le premier prix du canton. Leurs parents ont décidé de les *récompenser* », etc...

Ces quelques lignes suffisent pour montrer la conception de nos camarades en matière d'éducation. Les premiers élèves sont les plus intéressants, les plus intelligents. Ce sont ceux qui doivent bénéficier des avantages donnés. C'est exactement conforme à l'esprit laïque de nos écoles. Cependant, les premiers ne sont pas toujours les plus intéressants, ni les plus intelligents, ni les plus généreux. Le dernier a fait, quelquefois, plus d'efforts ; c'est souvent un timide ; c'est quelquefois un intelligent mais turbulent ; c'est un indiscipliné que rebutent les méthodes abstraites d'enseignement. Et même si ce dernier était inintelligent, il n'y a aucune raison pour qu'il ne bénéficie pas des avantages qui reviennent à certains. Il a droit comme les autres à toutes les joies.

Dans l'esprit de nos camarades, il faut faire l'éducation sociale de nos enfants. Or, comme ces enfants ne peuvent pas comprendre un mot de sociologie, les éducateurs sont obligés d'employer la méthode religieuse, c'est-à-dire de catéchiser l'enfant. Il y aura « des vérités indiscutables » et on les lui enseignera. Qu'adviendra-t-il? De deux choses l'une : ou bien, devenu adulte, l'enfant ne conservera absolument rien de ces notions catéchisées, alors les amis auront perdu leur temps; ou bien il gardera, au contraire, intacte la conception de « ses maîtres » comme certains adultes conservent pieusement le souvenir de la morale civique apprise à l'école.

Si l'enfant ne peut comprendre un seul mot de sociologie, il peut vibrer en présence de certains faits. Il est possible de l'intéresser à sa vie familiale, à sa vie avec ses petits camarades, à ses jeux. Les enfants que nous groupons ont l'occasion assez souvent, malheureusement, de voir souffrir autour d'eux. C'est là qu'il faut procéder avec conscience. La vie ouvrière, de misère, de travail surhumain, abrutissant, nous devons la lui faire sentir et connaître. Comment ?

Voilà des enfants réunis dans une coopérative ou dans une Bourse du Travail; ils sont une centaine. L'année ne se passera pas, hélas! sans tristesse. Ce sera la mort du père de l'un d'eux ou de la mère. La vie de la famille ouvrière brisée, vie nouvelle pour ce petit être. Sans le père, c'est la plus grande des misères. Sans la mère, c'est la rue, l'abandon. Ou bien ce sera un accident du travail, ou bien encore l'expulsion du logis d'une famille miséreuse. Puis le frère partant au régiment, le chômage, etc.! Heures de tristesse répétées, qui alternent avec de rares heures de joie.

Ce sont ces faits qu'on redoute, mais qui surgissent, redoutables, qu'il faut qu'ils voient! Qu'ils leur soient donc une leçon de la vie, afin que tous — sans de longs discours — aient le sentiment d'une réelle union, d'une simple et fraternelle solidarité. Qu'ils aient ce sentiment que des êtres souffrent, et ils arriveront vite à comprendre pourquoi on souffre. Je crois que par les rapports fréquents avec les petits, on apprend à leur dire ce qu'il faut. L'amitié qu'ils inspirent vous dicte des mots pour leur cœur.

Ne croyons pas aider à la formation de mentalités révolutionnaires en donnant aux cerveaux d'enfants une doctrine. Ce fut le procédé du prêtre; point n'était besoin de rechercher la vérité puisqu'elle « existait » renfermée dans le dogme. Le seul effort à faire consistait à l'apprendre. Ce fut, et c'est encore, le procédé de l'Etat : il est des dogmes intangibles; le libre penseur Ranc ne disait-il pas un jour : « La patrie ne se discute pas ! »

A l'exaltation pour le drapeau, pour l'armée, pour la propriété, pour la loi, etc., certains socialistes voudraient opposer une autre doctrine. Le procédé serait exactement le même.

Il nous intéresse, au contraire, de former des « convictions » ; or, la conviction est individuelle. C'est après l'observation, le développement du sens critique, que cette conviction se fera. Alors, mais alors seulement, nous nous trouverons en présence non d'un numéro, mais d'un être conscient, d'une valeur morale et intellectuelle assez haute pour accomplir un acte sérieux.

C'est de la neutralité cela, direz-vous ? Non. Je ne crois pas à la neutralité : l'éducateur voudrait-il être absolument neutre qu'il ne le pourrait pas. L'éducateur est entraîné, dans une certaine mesure, à expliquer, à commenter, à conclure suivant sa façon de voir personnelle. Mais s'il est honnête, au sens élevé du mot, s'il est éducateur conscient de sa responsabilité, il ne perdra jamais de vue qu'il n'a pas le droit de prétendre à l'infaillibilité et, conséquemment, à pétrir l'esprit de l'éduqué.

J'ai confiance, d'ailleurs, au point de vue du résultat, en cet adolescent qui aura été habitué à ne considérer comme vrai que ce qu'il aura pu vérifier par lui-même, qui ne supportera aucune exploitation, aucun mensonge et qui, curieux, voudra toujours se renseigner, se documenter. En un mot, nous lui aurons donné tous les moyens de se développer, de s'affirmer progressivement ; il aura eu l'occasion de voir souffrir, de pratiquer la solidarité ; il n'ignorera pas la misère, il n'ignorera rien de ce qu'il aura été possible de lui faire connaître de la vie à son âge. Agir autrement, ce serait faire du « dressage », non de l'éducation.

III

LA FÉDÉRATION DES GROUPES DE PUPILLES

De nombreux groupes d'enfants existent. N'y aurait-il pas intérêt à ce qu'ils soient en contact les uns avec les autres? Cela vient naturellement à l'esprit. Aussi l'idée de les fédérer est-elle posée. Les amis de l'enfance trouveront là un moyen de discuter entre eux les idées et les méthodes d'éducation; il en résultera certainement pour tous une compréhension plus nette de l'action à faire.

N'est-il pas intéressant, par exemple, de créer, d'une façon sérieuse et étendue, des moyens de développement physique, d'organiser des colonies, des promenades, ainsi que le propose la camarade Jouenne dans le *Bulletin de la Bourse des Coopératives socialistes*, de janvier 1909? Puis de s'occuper de créer des cours de gymnastique rationnelle — non de « sports » au sens où on l'entend dans les journaux professionnels, mais d'exercices physiques qui contribueraient à affermir la santé de nos gosses.

Il y a lieu de s'occuper des jeux qui, tels qu'ils existent encore actuellement, sont tout simplement barbares et idiots. Ces jeux du gendarme, du voleur, du soldat, etc., qui forment les délassements des enfants, sont, on ne se l'explique que trop, la représentation de ce qu'ils voient tous les jours. Le jeu a une portée morale dont il faut tenir compte.

Il serait possible, également, de créer un matériel de science amusante, science expérimentale concrète, excitant la curiosité des bambins et les instruisant, quelque chose dans l'esprit des travaux du mathématicien Laisant et du chimiste Darzens qui, contrairement aux méthodes appliquées dans nos écoles, trouvent la possibilité d'intéresser de jeunes cerveaux à des sciences profondes, et cela simplement en sachant satisfaire chez l'enfant le besoin de voir, de comprendre.

Et les parents, n'est-il pas indispensable de les intéresser à cette tentative? On le peut par des cours sur l'hygiène, sur l'éducation familiale, par le contact avec les éducateurs.

De plus, l'enfant ayant le besoin de lire, de contempler des images, d'assister par la gravure à des scènes qui l'intéressent, il faut qu'il ait, chaque dimanche, son journal. Luttons donc contre l'insanité, contre la lecture de tout ce qui peut corrompre déjà ce jeune cœur. Et puisqu'il aime cette gamme de couleurs que représente l'image, facilitons-lui la possession de ce plaisir et qu'il en résulte un peu plus de joie et un peu plus d'intelligence.

Il y a encore à combattre toutes les formes d'exploitation de l'enfance, entre autres les maisons de correction. Nous avons à révéler comment on exploite le ou la jeune apprentie dans les bagnes industriels, à organiser des campagnes intenses de propagande, pour mettre cette situation au grand jour. Des camarades nous ont d'ailleurs précédés. Ils ont révélé déjà de nombreux forfaits. Mais, il faut bien le déclarer, rien n'a été absolument tenté de sérieux, de continu, par l'élément ouvrier dans ce sens. Et puisque nous parlons des apprentis, ne devons-nous pas également demander aux organisations syndicales de faciliter aux parents leur tâche délicate en ce qui concerne le choix de la profession à donner à l'enfant.

Au point de vue qui nous intéresse, il me semble indispensable que l'ouvrier devienne aussi bien un technicien parfait qu'un militant décidé.

Partisans de l'initiative individuelle sous toutes ses formes, nous sommes tenus de poursuivre cette éducation jusques et y compris l'apprentissage. Enfin, pour parachever cette action déjà très vaste ; afin d'expérimenter avec précision et d'une façon complète nos méthodes d'éducation; afin de créer l'exemple qui suggérera des idées nouvelles, quelle plus belle œuvre que l'école moderne ouvrière! cette œuvre de la collectivité syndicale, comprenant la nécessité de s'attaquer à la corruption sous tous ses aspects, montrant la classe ouvrière préparant la société nouvelle économique et protégeant l'enfant, ses enfants, contre l'Etat bourgeois. Après les tentatives de Sébastien Faure, de Madeleine Vernet, de Ferrer, une école placée sous le contrôle des organisations ouvrières et des professeurs préparant les cahiers de l'enseignement dans un esprit nouveau, conforme aux besoins de rénovation sociale, une telle école s'impose.

Le champ de l'éducation de l'enfant est illimité. Cette question offre assez d'attraits, de joies, de travail intelligent et passionné pour tous ceux que préoccupe l'avenir. Il en est qui ont souffert de voir leur idéal trop loin des réalités, et peut-être par faiblesse, peut-être aussi à la suite d'injustices subies, se sont retirés d'une lutte qui les avait séduits. Qui sait ? Ils ont négligé peut-être le terrain d'action qui convenait à leur mentalité : ils ont négligé l'enfant. L'éducation de l'enfant, à mon avis, ne crée point de désillusions.

Allons vers lui, non avec un geste de doctrinaire, mais d'ami, et nous verrons les plus délaissés s'éveiller au bonheur. Et ce sera du bonheur — pour soi-même — que de vivre au milieu de cette douceur et de cette franchise réconfortantes. Ce sera un excellent travail que d'avoir aidé à la formation de techniciens habiles, de cœurs francs et de caractères droits.

DEUXIÈME PARTIE

Réponse ou Remarques

PAR

Maurice BOUCHOR

Cher Camarade,

Vous me demandez d'écrire ce que je pense des idées exprimées par vous (1) sur l'éducation de l'enfant dans les milieux ouvriers, et d'exposer en toute liberté mes vues personnelles à ce sujet ; mes réflexions, jointes aux vôtres, seraient publiées par la *Vie Ouvrière* et pourraient provoquer utilement celles des camarades — il faut les souhaiter de plus en plus nombreux — que préoccupent, comme vous et moi, les questions éducatives.

Je vais essayer de faire ce que vous me demandez si amicalement.

Tout d'abord, je crois comme vous à la nécessité d'entreprendre l'éducation des enfants d'ouvriers, pour les rendre plus aptes à lutter, une fois hommes, contre toutes les servitudes, à s'en affranchir s'ils le peuvent, et à construire une cité plus habitable pour eux que celle où ils vivent. Comme vous le dites, une transformation réelle et profonde suppose d'une part une « éducation économique », que les adultes seuls peuvent pleinement acquérir, par la vie elle-même et par la réflexion, et d'autre part des « caractères », que l'éducation de l'enfance peut contribuer à former, —

---

(1) Dans la *Vie Ouvrière* du 20 octobre 1909.

comme elle peut d'ailleurs (vous l'indiquez à un autre
passage) commencer l'éducation économique en souli-
gnant certains faits de la vie courante, en les expli-
quant, en provoquant la réflexion à leur sujet.

Cette éducation de l'enfance ouvrière, les groupements de travailleurs peuvent *seuls* la donner, à mon
avis, tout en s'adjoignant tels auxiliaires jugés utiles,
mais n'exerçant jamais une action sans contrôle. Je
ne crois pas que l'on puisse se passer de maîtres com-
pétents, pas plus qu'une vaste coopérative de cons-
truction ne se passerait d'architectes ou d'ingénieurs ;
je souhaite que les organisations ouvrières aient, à cet
égard, des vues larges, point de défiances mesquines,
et qu'elles aient en même temps le tact nécessaire pour
choisir de vrais éducateurs parmi les techniciens de
bonne volonté ; mais à elles seules doit appartenir la
direction générale de l'œuvre. Il s'agit donc bien,
comme vous le dites, d' « action directe ».

Je ne partage pas vos appréciations pessimistes
(courantes dans les milieux révolutionnaires) sur
l'école publique, ses méthodes, son personnel, ses résultats ; je crois seulement qu'elle peut et doit accomplir bien des progrès, et que la classe ouvrière aurait
grand tort soit de mépriser en bloc ce qui s'y fait, soit
de renoncer à tout effort pour l'améliorer. Mais je
pense (et, par suite, je n'ai pas à insister ici sur la
valeur de l'école) que la classe ouvrière a elle-même
une action éducative à exercer sur ses propres enfants,
en abandonnant à l'école publique la plupart des matières d'enseignement et en se réservant, ou plutôt en
reprenant à sa façon, en toute liberté, celles qui ont,
au point de vue éducatif, une valeur éminente.

I

ESQUISSE D'UN PLAN GÉNÉRAL D'ÉDUCATION
POUR NOS PUPILLES

Je crois, comme vous, qu'une large place doit être faite au chant choral, la forme d'art la plus naturelle à l'enfant, la plus accessible à tous, petits ou grands, celle qui permet à chacun d'être *actif* dans la manifestation de l'œuvre d'art, et qui en même temps, par son caractère collectif et anonyme, donne le moins de prise possible à la vanité, au cabotinage, dont vous signalez le danger avec pleine raison. Je pense aussi que vous faites bien de mettre en garde contre les chants dont les termes sont incompréhensibles aux enfants. Je ne suis pas bien sûr qu'il soit, pour les adultes, possible ou judicieux de faire absolument « table rase du passé », comme si une société nouvelle devait jaillir par génération spontanée, sans avoir germé nulle part ; mais, en tout cas, je n'aime pas à entendre des enfants chanter avec toutes les apparences d'une formidable conviction :

> Du passé faisons table rase,

succession de syllabes qui doit être aussi claire pour eux, mais moins amusante, que :

> Parapharagaramus.

Cependant, je ne voudrais pas qu'ils chantent exclusivement le soleil, les jeux, le printemps, ce qui est aimable et gracieux ; bien des sentiments leur sont accessibles, qu'il est bon de fortifier en eux par le chant (1).

____

(1) Pour obtenir des résultats sérieux, il me paraît indispensable d'enseigner les éléments du solfège et de faire l'éduca-

Je crois que la lecture expliquée, faite de façon vivante, en provoquant les réponses des enfants, en accueillant leurs remarques spontanées, peut aussi rendre de très grands services. Bien choisie, bien conduite, elle fait pénétrer dans l'intimité d'une belle œuvre, elle émeut ou fait réfléchir, elle pose des problèmes, — et, ce qui n'est jamais inutile, elle familiarise avec la langue dont le maniement est nécessaire à tout Français, particulièrement à tout militant.

Que de choses à prendre dans les fables de La Fontaine ! Un bon instituteur, d'esprit un peu timide, me dit une fois la difficulté qu'il éprouvait à expliquer à ses élèves la fable du Loup et du Chien. A la situation du larbin de bonne maison, le fabuliste, interprète du sentiment populaire, préfère celle du maigre chemineau ; il y a là des questions fort délicates à poser dans une classe, où sont réunis des enfants de conditions assez diverses. Avec nos pupilles nous pouvons aborder ces questions en toute franchise. Et les lectures expliquées, à travers une causerie où chacun dit son mot, sont excellentes pour habituer les enfants à cette parfaite sincérité dont vous parlez à mainte reprise comme d'une qualité essentielle, disons : la première de toutes. Après une lecture de la fable dont je parle, je demandai aux pupilles d'un de nos groupements ouvriers : Qu'est-ce que vous aimeriez le mieux être ? Le chien ou le loup ? La conclusion, le ton du récit, notre milieu même, tout suggérait cette réponse : le loup. Plusieurs, cependant, répondirent : le chien. Dame ! c'est pénible, de jeûner... Ne pas décourager de telles réponses, ne point blâmer ni

------

tion de la voix par des exercices appropriés. Je suis partisan de la méthode galiniste ou modale; mais l'essentiel me paraît être d'enseigner par une méthode quelconque, non par routine et serinage.

railler l'enfant qui les fait, mais entrer dans l'examen des situations, montrer le prix de la liberté, les misères, les hontes d'une servitude dorée ; reconnaître pourtant que le chemineau solitaire, souvent paresseux, ne mène pas une existence idéalement heureuse; chercher s'il n'y aurait pas mieux à faire par le travail régulier mais non domestiqué, puis par le libre groupement pour améliorer les conditions du travail et enfin pour organiser le travail même, n'est-ce pas faire œuvre éducative ?

On peut objecter qu'une telle leçon, même présentée en termes très familiers, n'est pas à la portée des plus jeunes enfants. C'est vrai. Aussi, pour telles lectures, et pour tels chants, et pour bien d'autres choses, il pourrait être utile — indispensable, même, si les pupilles étaient trop nombreux — de les répartir en deux groupes, suivant leur âge. Si cette division semblait pratiquement impossible, il resterait à s'occuper tantôt des uns, tantôt des autres, tout en faisant aussi des leçons capables de les intéresser à peu près tous.

Je pense comme vous que l'on rendrait un appréciable service à nos pupilles par quelques leçons de science expérimentale, aussi concrète que possible. Il faudrait pour cela, comme vous le dites, un matériel d'expériences, et de bonnes méthodes ; il faudrait aussi — et c'est peut-être le plus difficile à trouver — quelqu'un ayant le « don », sachant intéresser, amuser ces jeunes esprits par de *vraie* science. Dans tous les ordres d'enseignement il faudra découvrir de ces hommes rares (1) ; et, si la difficulté de la chose ne doit pas nous décourager par avance, du moins devons-

____

(1) Il va de soi que je donne au mot « homme » sa signification générique. Je désire vivement que nous ayons des collaboratrices aussi bien que des collaborateurs.

nous en prendre conscience, pour éviter les déceptions.

Dans l'ordre scientifique, je ferais la plus large place à l'histoire naturelle, la plus concrète, la plus vivante de toutes les sciences, la plus nécessaire à l'enfant des villes, pour rétablir la communication entre lui et la Nature, d'où le sépare son existence de citadin, artificielle à tant d'égards. Des promenades au Jardin des plantes, au Jardin d'acclimatation, en été des excursions botaniques pourront donner des résultats excellents, si elles sont bien conduites, après avoir été préparées par une causerie familière.

La promenade, par elle-même, devra occuper une large place dans notre emploi du temps ; ou, de façon plus générale, l'exercice physique, mais, comme vous le dites, sans donner dans les excès du sport. Mettre de l'air pur dans les poumons des enfants, souvent étiolés, de nos milieux industriels, les habituer à la marche, développer en eux la force, l'adresse, l'agilité, les rendre capables d'endurance et, par suite, de volonté, c'est faire, éminemment, œuvre éducative.

Bien d'autres choses, dont je n'ai rien dit, peuvent éveiller la légitime curiosité de l'enfant et lui être une source d'utiles connaissances : par exemple, les différents aspects du travail, les métiers, les modes de fabrication ; il est bon qu'il apprenne peu à peu à connaître les organisations ouvrières, à en comprendre le fonctionnement, dans la mesure de ce qu'il en pourra saisir (1). Pour ceci comme pour le reste, il faudra, le plus possible, voir les choses sur place ; mais je crois que l'enfant devra toujours y être préparé par une causerie, et qu'il sera nécessaire d'en reparler ensuite. C'est ce que je ferais — dans un autre ordre de connaissances — si, un dimanche matin, je menais nos plus grands enfants visiter une

---

(1) Je pense ici, bien entendu, aux plus âgés de nos pupilles.

ou deux salles du Louvre, un monument, un quartier
de Paris (1).

II

LA LUTTE SOCIALE

Dans le plan que je viens d'esquisser après vous, les
questions économiques n'ont pas été oubliées ; mais
c'est toujours de la façon la plus concrète, la plus
immédiate, que vous voulez mettre les enfants en
contact avec le travail, la misère, la lutte, la solidarité;
il s'agit de réalités prises sur le vif, capables d'émou-
voir, de provoquer ensuite la réflexion, non de théories
savamment élaborées, que l'enfant est inapte à comprendre et pourrait seulement répéter à la manière
d'un perroquet. Cette répétition inintelligente, cette
formation de convictions apparentes, dont l'enfant
fait parade, qui font applaudir le petit socialiste, le
petit syndicaliste, comme ailleurs on applaudit le
petit zouave ou le petit cuirassier, vous semblent non
seulement inutiles, mais funestes, en développant un
dangereux cabotinage, en habituant l'esprit à se payer
de mots, à se donner l'illusion d'une pensée en dehors
de tout effort personnel. Et, d'autre part, vous estimez
que le premier droit comme le premier devoir de
l'enfant est de se développer normalement, sainement,
d'être de son âge, de s'amuser, de rire, de s'épanouir
à la vie autant que le lui permet le triste milieu où,
trop souvent, il doit grandir. Combien, ici, je vous

---

(1) En dehors de la culture artistique proprement dite, à
laquelle je pense ici, l'étude du dessin sera une des plus utiles
à de futurs ouvriers. Cette étude intéresse à la fois l'art et le
métier, qu'il y aurait tant d'avantage à associer aussi étroitement
que possible.

approuve ! Et combien je me réjouis — je vous le dis entre nous — que des idées aussi justes, aussi sages, soient défendues dans une publication spécialement « révolutionnaire » ! Si elles venaient d'ailleurs, je sais des camarades fort bien intentionnés qui fronceraient le sourcil en disant : « Quels sont ces endormeurs ? Du soleil, du printemps, de l'histoire naturelle, des promenades, il s'agit bien de cela ! Pétrissons l'esprit de ces mioches ; faisons-en des révolutionnaires ! » Mais voilà : vous pensez que les seuls vrais révolutionnaires sont ceux qui savent pourquoi ils le sont, et non pas ceux qui ont mâché les pages d'un catéchisme socialiste, libertaire ou syndicaliste (1)... J'espère que, grâce au milieu d'où elles sortent, vos idées ne seront pas considérées comme trop hérétiques, et que tel camarade, qui taquine la Muse à ses heures, remettra dans sa poche une chanson bien farouche, bien sanguinaire, rimée à l'intention de « nos pauvres gosses ».

J'ajouterai ceci : la lutte de classe, en tant que fait et en tant que méthode, la volonté des travailleurs conscients de mettre fin à l'exploitation de l'homme par l'homme, de supprimer le patronat et d'organiser eux-mêmes le travail, ou bien tout cela répond à des réalités d'une part, à des possibilités de l'autre, et alors une rénovation sociale *doit* être tentée par les travailleurs ; ou bien tout cela est illusion, chimère, néant. Dans le premier cas, comment des enfants ayant grandi dans un milieu de souffrance et de lutte,

---

(1) Ni ceux, à plus forte raison, dont toute l'éducation consisterait à crier : *A bas la calotte!* au passage d'un curé, à arracher les affiches des candidats aux élections législatives, ou à pousser des cris sauvages devant les maisons susceptibles d'abriter des capitalistes. Rien n'est plus facile que de faire des voyous; mais nous devons avoir une autre ambition.

habitués à observer, à réfléchir par eux-mêmes, qu'on
aura aidés à devenir des êtres sains, de libres esprits,
des cœurs énergiques, iraient-ils trahir la cause de la
Révolution ? Ils en seront la force vive. Dans le second
cas, si les espérances du socialisme n'étaient que dupe-
rie et mensonge, de quel droit forcerions-nous ceux
qui viendront après nous à s'y cramponner éternelle-
ment ? Essayons d'en faire des hommes : si nous y
réussissons, ils sauront mieux que nous ce qu'ils auront à faire, *et ils le feront.*

III

QUESTIONS RÉSERVÉES

Une chose nous aidera à être raisonnables, larges
d'esprit, à respecter la liberté de l'enfant, à ne pas
l'endoctriner, le catéchiser : ce sont nos divisions
mêmes. Elles sont souvent assez fâcheuses pour qu'il
soit agréable de leur devoir un service. Il n'est pas
une coopérative, un syndicat, un groupe socialiste,
où des opinions divergentes ne soient représentées sur
des sujets très importants. Force est donc de mettre de
côté ce qui nous divise et de ne faire passer dans notre
enseignement aux pupilles que les choses sur lesquelles nous sommes pleinement d'accord : c'est-à-dire la
constatation, malgré l'ordre apparent qui règne dans
notre société, d'un manque d'ordre réel et profond
dans la production des richesses comme de justice
dans leur répartition ; l'existence de cruelles et habi-
tuelles misères, d'oppressions de toute nature pesant
sur le travailleur ; la nécessité de la lutte de classe ;
un vigoureux internationalisme; un idéal que chacun
peut, s'il lui plaît, préciser à sa façon, comme il peut
avoir sa conception propre des moyens de le réaliser,
mais que je crois pouvoir résumer ainsi : liberté,

bien-être, travail normal et sain pour tous ; épanouissement des individualités dans l'harmonie sociale.

Si les idées que je viens d'exprimer tant bien que mal doivent, comme je le pense, dominer et animer notre œuvre éducative, en revanche il me paraît nécessaire d'en écarter des conceptions que chacun a parfaitement le droit de soutenir, en tant que militant, mais qui se trouvent en opposition directe et absolue avec les conceptions d'autres camarades.

Je prends un exemple. Personnellement, sans méconnaître tout ce qu'il entre d'hypocrisie et de mensonge, ou de méprisable intérêt personnel, dans le patriotisme des classes dirigeantes et des gouvernants qui les représentent ; tout en comprenant l'exaspération des prolétaires qui, dans les grèves, trouvent devant eux l'armée de la « défense nationale » pour leur tirer dessus ou pour faire à leur détriment l'ignoble métier de jaunes; tout en pensant que notre devoir est de lutter énergiquement contre la guerre, non seulement pour sa barbarie, mais aussi parce qu'elle mettrait aux prises des travailleurs dont l'union est indispensable au triomphe de leurs communes revendications ; personnellement, dis-je, je ne suis point du tout « antipatriote ». Mes idées à cet égard sont celles de beaucoup de socialistes, et il est superflu de les développer ici. Je trouverais tout simple, si l'occasion s'en présentait, de les exposer à des camarades, puisqu'ils n'auraient aucune peine à me répondre par d'autres idées ; mais je ne ferais pas de même avec nos pupilles, moins armés en face de moi, l'espèce d'autorité morale que j'ai sur eux m'étant conférée par des camarades dont les idées peuvent différer des miennes, et dont je ne voudrais pas trahir la confiance. Je n'admettrais pas davantage, cela va de soi, qu'un autre éducateur fît auprès de nos enfants une propagande systématiquement « antipatriotique ».

Certes, vous dites avec raison qu'on ne peut jamais être véritablement neutre : dans les quatre mots que je pourrai dire sur les deux thèses opposées, rien que pour en écarter la discussion, on sentira peut-être de quel côté je penche. Mais vous ajoutez : on doit, du moins, ne pas pétrir le cerveau de l'éduqué ; j'approuve et j'ajoute à mon tour : certaines questions, celles qui nous divisent profondément, doivent être réservées. Que les enfants sachent ou devinent mon opinion, peu importe, si je leur dis honnêtement : « Ce sont là des questions difficiles, sur lesquelles tous les camarades ne sont pas d'accord. Vous y réfléchirez et vous vous ferez par vous-mêmes, plus tard, une opinion personnelle. »

Je ne crois pas, d'ailleurs, que la difficulté puisse toujours être écartée par le silence pur et simple. Un enfant, tiraillé entre des affirmations patriotiques — parfois intempérantes — entendues à l'école, et la condamnation sommaire, faite dans certains milieux ouvriers, de toute préoccupation nationale, pourra nous adresser une question sur ce sujet. Ne fût-ce que pour écarter le problème, il faudra en dire quelques mots ; et, s'ils sont sérieux, mesurés, s'ils laissent voir la gravité du débat, la bonne foi possible dans les deux opinions adverses, ils seront déjà une leçon utile. La négation brutale n'est pas plus éducative que l'affirmation tranchante.

IV

FAUT-IL ENSEIGNER LA HAINE ?

La question à laquelle je viens de toucher est, théoriquement, la plus grave de toutes ; c'est aussi celle qui, dans nos milieux, peut soulever les plus âpres discussions. Il en est d'autres, également controversées, et plus immédiates, que la réalité quotidienne fait surgir, et sur lesquelles il semblera peut-être plus difficile de ne pas prendre parti. Je crois cependant que nous devons les écarter toutes, comme litigieuses entre nous, excepté une, dont je vais parler, parce que je la considère, au point de vue éducatif, comme essentielle.

La lutte de classe est un fait, et nous considérons, en outre, comme un devoir pour le prolétariat de la soutenir, estimant qu'il serait la dupe de ce qu'on appelle la « paix sociale ». Mais quels sentiments doivent l'animer dans cette lutte ? Il me paraît impossible à un éducateur, s'adressant à des enfants qui seront bientôt engagés dans la mêlée sociale, et qui déjà en ressentent les contre-coups, d'éluder, à certaines heures, la question que je viens de poser.

Avant de vous donner *ma* réponse, — elle ne peut être qu'*une* réponse parmi celles de beaucoup de camarades, — je dois faire une déclaration loyale.

Mon éloignement pour l' « antipatriotisme », bien qu'il repose sur des raisons que je considère comme très fortes, peut être imputé, je le sais, aux préjugés de mon milieu et de mon éducation ; mais, du moins, soit en cas de guerre, soit en cas de manifestation contre la guerre (1), mes risques sont les mêmes que ceux d'un ouvrier, et cela me donne de l'assurance dans mon opinion. Il n'en est pas de même en ce qui concerne une lutte sociale à laquelle je ne suis pas mêlé, des souffrances que je ressens uniquement par sympathie, des colères que je ne puis partager dans toute leur intensité. Je me rends donc bien compte

-----

(1) Manifester, même très énergiquement, contre la guerre, en tel cas donné, n'implique en aucune façon que l'on agisse par « antipatriotisme ». On peut, au contraire, agir dans ce sens par un patriotisme intelligent, aussi bien que par humanité ou dans l'intérêt de la cause prolétarienne.

qu'un travailleur manuel pourra me dire : « Vous en parlez à votre aise ! » Mais enfin, puisque la question est là, et que je ne puis l'écarter, je vais essayer d'y répondre comme *il me semble* que j'y répondrais, si j'étais, moi aussi, un travailleur manuel.

Le sentiment qu'il importe d'exciter chez nos pupilles (pour autant que cela dépend de nous) à l'égard de la classe possédante, est-il la haine des individus qui la composent ? Je réponds sans hésiter : Non.

La haine est inintelligente. Elle s'en prend aux personnes de ce qui tient à la nature des choses. Elle ne voit pas que, dans l'ordre économique, l'immense majorité des hommes ont les opinions et adoptent la conduite que leur intérêt (plus ou moins bien compris) leur inspire. On sait ce que valent, souvent, les ouvriers devenus patrons ; on peut conjecturer ce que seraient, dans une situation privilégiée, beaucoup de ceux qui luttent contre le privilège. Je ne vois point de raison pour haïr, personnellement, le bénéficiaire d'un régime que l'on combat.

Parmi les représentants du capitalisme il y en a, je le sais, de particulièrement odieux ou méprisables ; dans le feu de la lutte il peut être difficile de distinguer un système oppressif, qui seul importe, de celui à qui profite le système ou qui le défend, et j'admets que la souffrance, l'indignation aient aussi leur privilège, ou du moins leur excuse ; mais je ne vois aucun avantage, au contraire, à encourager par avance des sentiments qui se produiront assez d'eux-mêmes, qui sont une souffrance de plus pour celui qui les ressent, qui peuvent troubler la netteté de son jugement, lui ôter le sang-froid dans la lutte et l'entraîner à des actes qui, sans utilité pour sa cause, retomberont peut-être lourdement sur lui.

Bien que vous n'ayez pas touché à cette question, cher camarade, tout le monde apercevra dans les pages cordiales que vous avez écrites le souhait de voir l'enfance ouvrière aussi heureuse, dès maintenant, que le permet l'iniquité sociale, de la voir épanouie, affectueuse, fraternelle dans ses camaraderies du premier âge. Or, cela me paraît inconciliable avec des sentiments haineux, même appliqués à des adversaires de classe; car la haine rétrécit le cœur, elle est ennemie du rire et de la joie, et si, comme je le pense, elle est mauvaise pour l'homme, elle ne peut être que funeste à l'enfant. Il n'est d'ailleurs pas au-dessus de son intelligence de comprendre que l'on puisse lutter contre le patronat sans haïr tel ou tel patron, mauvais, médiocre ou bon, et qui doit être combattu, en tant que patron, même s'il est excellent homme, de même que, s'il est mauvais, ce n'est peut-être pas une raison suffisante pour le pendre.

Enfin, si les hommes faits peuvent, dans l'âpre lutte de classe, se passer d'un idéal, d'une haute espérance, — et je suis fort éloigné de le croire, — cela me semble, pour des enfants, tout à fait impossible.

Or, quel peut être, pour eux, cet idéal? Non pas la lutte en elle-même, bien qu'elle soit inévitable, ni la joie brutale du triomphe, mais l'apaisement qui le suivra, la grande réconciliation des hommes dans le travail libre, joyeux, fraternel de l'avenir. Comment détester à fond des gens que l'on se réserve d'aimer plus tard, ou dont les descendants pourront fraterniser avec les nôtres? Peut-être dira-t-on que je parle ici en enfant. Je ne dis pas non; mais il s'agit d'enfants, après tout, et ce n'est pas vous, camarade, qui me reprocherez d'être « pareil à l'un de ces petits », — comme dit l'Evangile, — sans que, pour cela, je songe à entrer dans le royaume des cieux!

V

DE LA VIOLENCE

Si je suis ennemi de la haine, il ne s'ensuit pas que je réprouve, en principe et dans tous les cas, l'emploi de la violence. Mais ici reparaissent, entre camarades, les divergences dont il nous faut tenir compte en parlant à des enfants qui doivent être, avant tout, les pupilles de la classe ouvrière organisée, non les disciples de tel ou tel maître.

Si nous avions à faire à des adolescents, déjà en apprentissage, il pourrait être utile, ou même nécessaire, de leur faire connaître avec précision les diverses méthodes de lutte préconisées ou pratiquées, et cela nous amènerait sans doute à les discuter avec eux. De graves problèmes se poseraient alors. Mais nous ne parlons ici que des enfants, et il me paraît évident qu'on doit les tenir en dehors de nos discussions au sujet des méthodes plus ou moins « révolutionnaires » ou « réformistes ».

Cependant, pour répondre à des questions toujours possibles, et que je ne voudrais pas écarter sans un mot d'explication, je croirais pouvoir leur dire, en invoquant le témoignage de l'histoire, qu'une transformation sociale ne s'accomplit pas sans des heurts douloureux, ou, plus familièrement, qu'on ne fait pas d'omelette sans casser des œufs. Je me permettrais d'ajouter que, d'après mon sentiment personnel, il vaut mieux ne point casser les œufs pour le plaisir de les casser, surtout quand ils doivent tomber hors de la poêle et ne faire aucune omelette. Je ne manquerais pas d'ajouter que toutes les victoires du peuple seront sans lendemain s'il est impuissant à organiser lui-même le travail, s'il n'a pas appris à se passer de ses maîtres, s'il n'est pas foncièrement honnête, laborieux, capable de libre et active solidarité.

VI

LE TRAVAIL — LA VALEUR TECHNIQUE DE L'OUVRIER — L'APPRENTISSAGE

Laborieux, ai-je dit...

Ce mot éveille en moi des réflexions que je ne puis taire.

« Il me semble indispensable, dites-vous, que l'ouvrier devienne aussi bien un technicien parfait qu'un militant décidé. » Voilà une des choses sur lesquelles je suis le plus heureux d'être en plein accord avec vous.

Que grâce à des circonstances favorables le prolétariat, uni et vigoureux, puisse bouleverser la société actuelle, je le crois; mais ce qui me paraît plus difficile, ce qui me préoccupe davantage, c'est qu'il soit capable d'en créer une autre, vraiment différente, et, comme nous le souhaitons, supérieure. L'essentiel, pour cela, est qu'il puisse, sans tâtonnements trop longs, organiser la production suivant des méthodes à lui, ce qui suppose une discipline acceptée ou imposée. Plus elle sera librement consentie, plus la société nouvelle aura des chances de vivre; plus aussi elle sera supérieure à la précédente, en même temps qu'elle en différera plus profondément. Or, la première condition, pour qu'il en soit ainsi, est que le travail puisse être fait avec goût, donc par de vrais ouvriers.

Parmi les syndicalistes révolutionnaires, il en est qui, disciples à la fois de Proudhon et de Marx, attachent une extrême importance à la valeur technique du producteur : pour eux cette valeur donne sa pleine légitimité à la révolte des prolétaires dépouillés du fruit de leur travail, et elle apaise les inquiétudes que pourrait faire naître la suppression des formes actuelles de la production. D'autres sont, au contraire, frappés surtout par la diminution, sinon par la disparition, de la valeur technique de l'ouvrier, — le capitalisme, le machinisme étant, à cet égard, de terribles niveleurs. Ceux-là se soucient fort peu de l'apprentissage; ils verraient d'un mauvais œil une sorte d'aristocratie corporative qui priserait haut le savoir et le goût dans les choses du métier.

Il semble bien que les seconds n'aient pas complètement tort en ce qui concerne les faits. Il est trop certain que le dégoût du travail est fréquent parmi les ouvriers, pour un ensemble de causes qui se ramènent, en dernière analyse, aux modes de production usités dans la grande industrie moderne.

D'autre part, il ne manque pas de théoriciens socialistes, exactement renseignés sur le lendemain de la Révolution, qui prennent fort bien leur parti de ce faible amour du travail. Il est entendu, suivant eux, qu'en imposant à tout le monde une tâche socialement utile, et grâce aux progrès de la science, la corvée de chacun sera extrêmement réduite et pourra l'être de plus en plus. Le reste du temps, on aura des loisirs, que rien n'empêchera de consacrer, si on le veut, aux plus nobles distractions intellectuelles...

Personnellement, je ne crois pas à cet avenir, que j'estime d'ailleurs peu souhaitable. Bien que Proudhon, avec sa mâle rudesse, ait peut-être exagéré l'obligation du travail professionnel et fait une part insuffisante au loisir et au rêve, je crois comme lui que la collectivité humaine saura toujours se créer des besognes nouvelles, qui lui paraîtront indispensables, et qui par suite, malgré leur caractère de plus en plus élevé, se traduiront pour elle en strictes obligations professionnelles. Je parle de travaux qui, pouvant exiger beaucoup d'intelligence, n'en seront pas moins manuels, puisqu'ils agiront directement sur la matière pour contribuer à l'utilité sociale immédiate (1). D'autre part, une existence où le loisir domine me paraît être une absurdité. Très peu de gens, actuellement, sont placés dans de telles conditions de vie sans en être corrompus ou rendus imbéciles; et, pour qu'il n'en soit pas ainsi, il faut qu'ils aient l'énergie peu commune de se créer personnellement des tâches qu'ils estiment obligatoires. Je crois qu'une humanité vivant de loisir, dans un milieu paradisiaque, pourrirait vite.

Il importe donc, à mon avis, que nous réagissions vigoureusement contre la tendance à représenter le travail professionnel comme une pure corvée, dans le présent et dans l'avenir.

Sans doute, il faut reconnaître ce qui est vrai : les conditions du travail sont aujourd'hui très défectueuses; pour d'innombrables êtres humains, des deux sexes et presque de tout âge, il est souvent excessif, malsain, abrutissant. Si l'on peut admirer le capitalisme pour les énergies qu'il a suscitées, pour les richesses qu'il a créées; si l'on doit reconnaître qu'il aura, bien malgré lui, donné au socialisme — vague-

---

(1) Le sauvage se passe d'une infinité de choses où nous voyons des objets de nécessité, non de luxe; nous pouvons être des sauvages par rapport aux hommes de l'avenir. Tolstoï s'irrite en voyant passer un adolescent qui a une montre et point de souliers : il eût été préférable que ce garçon eût aussi des souliers, mais il n'avait sans doute pas de quoi se payer à la fois une montre et des chaussures; et une montre peut être, dans certaines professions ou circonstances, un objet de nécessité absolue. Il se peut qu'un jour ou l'autre la masse du peuple français éprouve le besoin d'être propre : quelle révolution ! que d'industries à développer, sinon à créer ! Ainsi de suite.

ment conçu à des époques diverses — de la précision, de la force, de l'espoir, il faut le détester pour l'outrageuse indifférence avec laquelle il a ravalé systématiquement la personne humaine à des fonctions mécaniques, pour l'épouvantable gaspillage de forces physiques et morales par lequel il a assuré son triomphe insolent, pour les tares lamentables qu'il a infligées au prolétariat par la destruction de la vie de famille, le sacrifice de la femme et de l'enfant, la promiscuité, l'alcoolisme, l'effrayante augmentation de la folie et du crime. Pour tout cela il faut le détester, le combattre, et, avant de le détruire, lui arracher tout ce que nous pourrons, par l'action légale et par la lutte ouvrière, de ce pouvoir dont il use avec tant d'inhumanité. Tout ce qui pourra, dans quelque mesure que ce soit, desserrer les chaînes du travail, lui permettre de respirer, atténuer pour l'homme, la femme et l'enfant l'horreur du bagne capitaliste, sera un gain pour l'avenir comme pour le présent. Et si, sous un autre régime, la production, mieux ordonnée, appliquée à des besoins plus réels, plus soucieuse de la qualité, de la sincérité du produit, surtout plus respectueuse du producteur, devait être, pour un temps, plus ou moins ralentie, je m'en consolerais. Parmi les objets de toute sorte que nos machines vomissent par torrents, à coup sûr il n'en manque pas dont on pourrait se passer, ni d'autres, nuisibles ou hideux, qui n'auraient aucun droit à l'existence et qui, en tout cas, importent beaucoup moins que la santé physique et morale des travailleurs.

Nous devons cependant, je le répète, combattre toute dépréciation du travail lui-même. S'il est trop souvent réduit, par son extrême division ou par le machinisme, à un geste automatique et fastidieux, il s'en faut qu'il en soit toujours ainsi, même quand la machine fait matériellement la plus grande part de la besogne.

Les qualités requises du travailleur moderne sont peut-être d'attention et de réflexion plutôt que d'adresse manuelle ; mais alors elles n'en exigent pas moins d'intelligence, — au contraire, — et nul homme capable de les déployer ne le fera sans prendre intérêt à sa tâche. Il importe donc de former des ouvriers intelligents, instruits, comprenant les machines qu'ils auront à mettre en mouvement, capables de passer de l'une à l'autre, de s'adapter aux perfectionnements de l'outillage. Même occupé momentanément à un labeur machinal, l'ouvrier habile aura toujours une autre valeur d'homme — et de militant — qu'un simple rouage humain, aussi inconscient de ce qu'il fait qu'une lanière ou un piston.

Il faut remarquer, d'ailleurs, que l'insuffisance de valeur technique peut se rencontrer et se rencontre, en effet, assez souvent (du moins en France) dans une foule de professions qui n'ont rien à voir avec le machinisme.

La responsabilité de cet état de choses retombe entièrement sur la classe dirigeante, agissant soit comme Etat, soit comme patronat. L'organisation légale de l'apprentissage est nulle chez nous, et nous savons tous qu'il est extrêmement difficile de trouver une maison où un adolescent puisse faire un apprentissage réel. A cet égard, il y a, dans le patronat français, une remarquable absence de vues élevées et d'intérêts bien compris (1). Il y a aussi un acharnement rageur contre les lois protectrices du travail, pour nous si insuffi-

---

(1) On pourrait dire cependant que l'abaissement professionnel du travailleur, nuisible à l'industrie française, donc aux patrons, sert en fin de compte le patronat, en lui permettant de durer davantage ou de mater plus complètement l'ouvrier. Mais pourrait-on faire une plus décisive critique du patronat en tant qu'institution sociale ?

santes, notamment contre la loi Millerand-Colliard, dont les effets sont pourtant bien atténués par la jurisprudence de la Cour de cassation (1). Un riche entrepreneur, sénateur républicain, anticlérical, homme aux idées « avancées », me dit un jour : « Nous ne voulons pas de cette loi. Aussi, quand, sur les chantiers, nous voyons des garçons de moins de dix-huit ans, nous leur disons : « Allez-vous-en! » Et que deviennent-ils, Monsieur? Des apaches. C'est bien fait. On n'avait qu'à ne pas nous imposer cette loi. » Comme je ne voulais pas faire un scandale, d'autant que cela se passait dans un sanatorium de tuberculeux, et pendant le repas des malades, avec qui nous étions attablés, je ne répondis que par un silence méprisant aux déclarations de ce vieux misérable; mais ce ne fut pas, je vous prie de le croire, sans me faire violence.

De ces observations je conclus deux choses. La première est qu'il nous faut, par tous les moyens, travailler à faire de bons ouvriers. Je m'associe pleinement à tout ce que vous dites à ce sujet, comme sur la nécessité de combattre toutes les formes d'exploitation de l'enfance, notamment celles dont l'apprentissage est le prétexte. Il est, d'autre part, vivement à souhaiter que les organisations syndicales développent leurs cours et facilitent aux parents la tâche délicate de choisir une profession pour l'enfant. Créer une école ouvrière modèle, si vaste et si ardue que soit l'entreprise, à coup sûr serait aussi une chose à tenter. J'y verrais un double avantage : cela permettrait aux organisations ouvrières d'appliquer en toute

---

(1) Sans parler de l'insuffisance numérique des inspecteurs du travail, parfois de leur mauvais vouloir (à Paris surtout) et des complaisances de la magistrature, toujours acquises aux puissants.

liberté leurs méthodes à elles et ferait mieux connaître aux syndicalistes la difficulté de toute œuvre d'éducation. Peut-être, en voyant de près combien les vrais
éducateurs sont rares, les problèmes complexes, les
réalisations malaisées, critiqueraient-ils d'une façon
moins sommaire et moins âpre ce qui se fait dans l'enseignement public ; et ce serait justice (1).

Je suis d'ailleurs profondément convaincu que toutes les initiatives prises par la classe ouvrière seule
seront insuffisantes pour l'objet qui nous occupe. Si
elle peut et doit formuler des critiques, suggérer des
transformations, apporter des exemples, elle n'est
guère plus outillée pour organiser elle-même l'apprentissage dans tout notre pays que pour y prendre la
direction de l'enseignement primaire. Je ne verrais,
pour ma part, aucune atteinte aux droits de l'action
directe, qui doit régler les conflits entre employeurs et
travailleurs, dans l'appui que les corporations ouvrières donneraient à toute action législative pour organiser sérieusement l'apprentissage en France. Ce qui
a été fait en Allemagne, à cet égard, vaut beaucoup
mieux que rien; et chez nous il n'y a rien. Il n'est pas
douteux que, dans les cours institués, comme à l'atelier même, on essaiera d'inculquer à l'apprenti « de
bons principes »; il en prendra et il en laissera, et les
organisations ouvrières sont là pour parfaire ou re-
faire, sur certains points, son éducation; mais il aura
son métier, et c'est une condition pour faire de lui un
travailleur conscient.

Ma deuxième conclusion est que, tout en luttant
avec énergie contre les servitudes qui accablent le
travail, il ne faut jamais le dénigrer, ni contribuer

---

(1) Parmi les instituteurs et institutrices, je connais beaucoup
d'éducateurs excellents, tels que nous pouvons les souhaiter
pour nos pupilles.

en aucune façon à en dégoûter l'enfance ouvrière.

A ce sujet, je dirai, pour finir, un mot seulement d'une difficulté que je ne prétends pas résoudre, mais que je signale, en passant, à l'attention des camarades.

C'est une question de savoir si l'exhortation au « sabotage », comme moyen de lutte, tout en ne s'adressant qu'aux travailleurs adultes, ne serait pas de nature à contrarier nos efforts en vue de former de vrais producteurs. Comme, ici encore, apparaissent de fortes divergences d'opinions entre militants, je considère la question comme devant être réservée, en ce qui concerne notre enseignement, et, par suite, je ne la discuterai pas ici. Veuillez croire, cher camarade, que, si je le faisais, ce ne serait pas sans apprécier à sa juste valeur la vertueuse indignation exprimée, au sujet de l'accidentel sabotage ouvrier, par les défenseurs d'un régime qui, falsifiant tout, est un sabotage perpétuel. Ce ne serait pas non plus sans établir de nécessaires distinctions entre des genres de sabotage très différents les uns des autres — parmi ceux que certains camarades préconisent — et qui, par suite, peuvent être jugés par le même homme de façon très diverse (1).

Ne voulant pas entrer ici dans l'examen approfondi de la question, je me bornerai à dire que, si nous étions interrogés sur ce sujet par nos pupilles, la meilleure réponse à leur faire serait, à mon avis, que leur devoir, comme leur intérêt, est d'abord de bien apprendre un métier, de le posséder à fond, et que l'heure n'est pas venue pour eux de discuter la légitimité ou l'efficacité de tel ou tel moyen de lutte. En dehors de toute question posée par eux, nos leçons techniques, nos paroles,

---

(1) Par exemple, on peut juger très différemment certains « faits de guerre », accomplis en temps de grève, et des habitudes prises dans la vie régulière de l'atelier.

notre exemple devront être là pour attester que nous honorons hautement le travail et que nous savons rendre justice, en toute occasion, au mérite professionnel.

VII

LES CONCOURS — LE CABOTINAGE — L'UNIFORME

Il me reste à présenter quelques remarques, dont certaines porteront sur des parties essentielles de notre sujet.

Pas plus que vous je n'aime les concours (dans l'ordre de choses qui nous préoccupe), c'est-à-dire la surexcitation systématique de l'intérêt ou de l'amour-propre. L'expérience seule montrera plus tard dans quelle mesure on peut se passer de ces motifs inférieurs pour exalter chez l'homme la puissance de l'effort, ou si l'on pourra même s'en passer tout à fait ; mais pourquoi y ferions-nous appel là où aucune nécessité ne nous y contraint ? Ce doit être notre œuvre propre de développer d'autres sentiments, de créer d'autres habitudes, d'éveiller dans les esprits un autre idéal, ne dût-il être réalisé socialement que d'une façon très imparfaite.

Ayant contribué à la fondation de quelques chorales, j'ai toujours conseillé à mes amis d'inscrire en tête de leurs statuts : « La société ne prend part à aucun concours. » Un compositeur fort intelligent me disait : « En France, l'orphéon est fondé sur la haine (1). » Telle ne doit pas être la base de notre cité enfantine. Il me déplaira toujours qu'on applaudisse, qu'on loue un groupe aux dépens d'un autre. Il faudrait éviter les différenciations entre groupes, entre enfants. De

----

(1) Et sur de très médiocre musique, pourrait-on ajouter.

fait, l'égalité des talents n'existe pas ; mais, pour qui sait bien voir et ne tient pas compte uniquement des qualités brillantes, certaines équivalences peuvent y suppléer, et il appartient à la bienveillance, forme supérieure de la justice, d'égaliser les différences.

Un rôle dans une saynète, un solo dans un chant, une poésie à dire appelleront, dans nos groupes d'enfants, la mise en lumière de qualités individuelles ; mais il sera bon d'user sobrement de ces manifestations artistiques, de ne pas faire sans cesse appel aux mêmes sujets, d'inspirer, si nous pouvons, aux uns une juste modestie, aux autres l'absence de toute jalousie. Ce ne sera pas toujours facile ; mais telle doit être la direction de notre effort. Il faut d'ailleurs souhaiter que les occasions où l'on produira les pupilles hors de leur milieu propre soient peu fréquentes, et que les publications sympathiques à notre œuvre n'encensent pas ces petits, ou qu'ils n'en aient pas connaissance. Oui, le cabotinage, voilà, sans aucun doute, un de nos pires ennemis.

Je serais moins sévère que vous pour l'uniforme, si peu galonné ! de certains groupes de pupilles. On peut lui trouver un avantage : c'est de rendre impossibles des inégalités de mise, qui autrement pourraient être assez sensibles.

Je n'en veux pas non plus à la cravate rouge, symbolique si vous voulez, mais qui, en elle-même, égaie mon œil de vieil enfant. Je me rappelle avec plaisir la bonne tenue pimpante de certains groupes de pupilles, que j'ai entendus chanter si gentiment... A vrai dire, cette question du costume et des insignes me semble avoir peu d'importance.

VIII

MILITANTS ET PARENTS DOIVENT S'ÉDUQUER EUX-MÊMES

Ce qui en a beaucoup, c'est, comme vous le suggérez, d'intéresser les parents à notre tentative, par des causeries sur l'hygiène familiale, par le contact avec les éducateurs. J'ajoute que, pour les militants les plus dévoués, les plus disposés à mener à bien l'œuvre éducative, il y aura aussi un sérieux effort à faire, s'ils veulent être à la hauteur d'une tâche si neuve pour beaucoup d'entre eux.

On entend parfois des gens dire avec une touchante humilité : « Il faut que nos enfants soient mieux éduqués que nous. » Hélas ! les choses ne sont pas si simples ! Un père ignorant, qui a de quoi payer, peut faire apprendre à son fils les langues ou les sciences ; mais l'éducation est une affaire autrement difficile et compliquée. Rien n'y agit aussi puissamment que l'exemple ; et nous tous, parents ou militants, nous devons nous dire pour commencer : « Educateur, éduque-toi toi-même ! » A ce prix seulement nous pourrons faire — *plus ou moins* — de nos enfants, de nos pupilles, ce que nous souhaitons qu'ils soient. Si nos habitudes, sans cesse étalées devant eux, sont mauvaises, comment pourront-ils en avoir de bonnes, malgré tous les conseils dont on les comblera d'autre part?

Voici un petit fait significatif, à mon avis, de l'inconscience que des hommes bien intentionnés peuvent avoir des égards dus à l'enfant dans l'ordre matériel, pourtant moins exigeant, moins délicat que l'ordre moral. Un groupe de pupilles était de passage dans telle ville ; le soir, ils donnèrent un concert dans une coopérative. Des camarades devaient, après la soirée, les hospitaliser chez eux. Or, le concert fini, il se faisait tard, les enfants étaient fatigués par le voyage, par tout ce qu'ils avaient vu, par la soirée même ; cela n'empêcha pas certains camarades, dont chacun devait emmener un enfant chez lui, de s'attarder longtemps à la buvette (1), trinquant, fumant, bavardant, oubliant dans des coins, comme de pauvres petits paquets, les malheureux gosses qui tombaient de lassitude et de sommeil. Ce n'est pas ainsi que des camarades doivent agir à l'égard d'enfants confiés à leurs soins (2).

Dans un autre ordre d'idées, il est bien à souhaiter que les parents de nos pupilles acceptent pour eux certaines règles. Il y a des disciplines brutalement imposées, il y en a de librement consenties ; ces dernières sont de beaucoup les meilleures ; mais, s'il n'y en a point du tout, aucune action sociale n'est possible ; il n'y a plus, sous prétexte de liberté, que le triomphe d'individualités uniquement soucieuses de leurs aises, voulant bien gêner les autres de toute façon, mais non pas se gêner elles-mêmes en quoi que ce soit; bref, de parfaits égoïsmes. Voici encore un tout petit fait, mais gros de conséquences. Dans tel groupe de pupilles, le rendez-vous était à une heure et demie pour la promenade du jeudi ou du dimanche (3); des camarades dévoués, femmes ou hommes, y étaient exacts; c'est eux qui devaient conduire les enfants. Or, sous un prétexte ou un autre, course à faire, petit service à rendre, beaucoup de parents retenaient leurs enfants sans aucun souci de ceux qui attendaient. Certains jours, il en arrivait jusqu'à trois heures, et même plus tard. En hiver, on n'avait plus le temps d'aller à

---

(1) Il y aurait beaucoup à dire sur la buvette des coopératives.

(2) Ni de leurs propres enfants, ajouterai-je. Beaucoup de nos pupilles veillent trop souvent, par le laisser-aller de leurs familles, et cela est funeste à leur santé physique et morale.

(3) Je ne suis point partisan des promenades du dimanche, sinon à titre exceptionnel. Il vaut mieux, ce jour-là, laisser les enfants à leurs familles, sauf à l'heure de tel ou tel cours.

la promenade ; on y renonçait. J'ai vu perdre ainsi nombre de belles après-midi, dont le temps sec et frais convenait admirablement à une longue course qui eût mis de l'air dans les poumons, apaisé les nerfs, fortifié les muscles. Au lieu de cela, les enfants avalaient de la poussière dans un local très gênant pour leurs ébats. Il y a des mesures fermes et précises à prendre dans tous les cas de ce genre.

J'ai parlé de leçons à donner par l'exemple. Comment triompher de l'alcoolisme, fléau des travailleurs, si l'enfant à qui nous recommandons la tempérance reçoit de sa famille des excitations contraires à tous nos enseignements ? C'est une chose effrayante à penser que la classe ouvrière, à qui manquent tant de choses de la plus urgente nécessité, comme l'air et le soleil, et qui joint les deux bouts avec peine en usant sagement de toutes ses ressources, trouve moyen de gaspiller en alcool : quantité de vin excessive, apéritifs, petits verres, c'est-à-dire en un détestable superflu, une part énorme de son salaire (1). Espérons que le sentiment de leurs responsabilités envers l'enfance aidera un grand nombre de nos camarades dans leur difficile apprentissage de la sobriété.

IX

LA PORNOGRAPHIE

C'est une chose dont, en général, on n'aime pas à parler. Tous ceux qui observent, qui réfléchissent, en

---

(1) Un ministre des finances a osé, à la tribune de la Chambre, plaider les circonstances atténuantes en faveur de l'alcoolisme, parce qu'il endort la misère du travailleur. Les bourgeois savent bien ce qu'ils font! Oui, l'alcool endort — pour un instant — la misère du travailleur ; et, en paralysant sa volonté, il le maintient dans l'esclavage.

savent l'extrême gravité ; mais, dans notre cher pays
de France, où l'on se pique volontiers de bravoure, la
peur d'être ridicule paralyse toute espèce de courage.
Plutôt que d'affronter le risque d'être appelé « Père
la Pudeur », on avalera les pires ordures ; on en
laissera souiller les yeux et les oreilles de sa femme
et de ses enfants. Bref, nous sommes, sur ce point,
d'une extraordinaire lâcheté, commune aux plus irré-
conciliables ennemis : bourgeois et ouvriers, révolutionnaires et magistrats.

Si la crainte du ridicule est un vice bien français, de
même que le besoin maladif de rire de tout, la pornographie — je ne veux pas dire la débauche, évidemment florissante sur tout le globe, mais le besoin de
l'étaler, de la provoquer, — la pornographie paraît
être en faveur, d'une façon générale, chez les nations
latines. Il serait injuste d'en accuser le catholicisme,
auquel ces nations sont restées plus ou moins fidèles ;
on peut invoquer des raisons de climat, de race, de
tempérament ; mais ce fut, à mon avis, une chose on
ne peut plus fâcheuse que l'habitude de s'en remettre
exclusivement à l'homme consacré, au prêtre, de tout
ce qui regarde les mœurs. Nous avons tellement pris
le pli de lui laisser dire, à lui seul, tout ce qui concerne
ce sujet délicat, nous sommes si peu accoutumés à y
réfléchir par nous-mêmes, que, détachés ou non de
l'Église, nous ne trouvons rien à en penser, à en dire ;
et, lorsque l'instinct sexuel, déjà porté par lui-même à
nous faire commettre assez de sottises, se trouve être
l'objet de sollicitations artificielles et incessantes, exer-
cées sur tous les âges, nous n'osons pas faire un geste
pour écarter ce qui nous apparaît, malgré tout, comme
un terrible danger pour la santé du corps, de l'intelligence et du cœur.

Je n'ai rien à dire ici de ce qui concerne les mœurs
des adultes dans leur vie privée. Ce n'est pas qu'il me

paraisse indifférent de donner à l'instinct sexuel des satisfactions normales et modérées ou, au contraire, de le surexciter et de le fausser : je fais une différence profonde entre une véritable union de l'homme et de la femme et la débauche sous toutes ses formes, la première subordonnant ce qui est d'attrait physique aux préoccupations du cœur, de la famille, de la vie sociale, tandis que la seconde ne recherche qu'un plaisir sensuel, égoïste et dangereux. Je crois très énergiquement à la vérité du vieux précepte persan : *Sois pur pour être fort*, la force dont il s'agit étant celle qui accomplit toutes les grandes choses. Mais je ne veux parler ici que de ce qui touche directement à nos préoccupations, c'est-à-dire de la pornographie et de sa répercussion sur l'enfance.

Si notre milieu (contemporain et français) n'était pas une perpétuelle conspiration, par l'image indécente, le café-concert, la basse littérature, pour hâter l'éveil de l'instinct sexuel et en exaspérer les exigences, ce serait déjà un redoutable problème que de retarder cet éveil le plus possible, de mettre, avec quelque chance de succès, l'adolescent en garde contre les tentations qui vont l'assaillir, et de trouver à l'excitation naturelle des sens tous les dérivatifs souhaitables, avant que le jeune homme ou la jeune fille fût vraiment en âge de disposer de soi-même. Je ne fais aucun doute que, malgré toutes les révolutions possibles, l'état général de l'Humanité sera cruellement imparfait tant que l'on n'aura pas résolu ce problème par une double action, familiale et sociale. Mais combien il apparaît angoissant, lorsque tout, dans le milieu qui nous entoure, travaille en sens contraire de ce que doit être notre effort ! Il est, en effet, incontestable que, malgré les âpres luttes de classes engagées sur le terrain économique, il y a, entre tous les milieux, un touchant accord pour s'abandonner aux suggestions de la pornographie : le beau monde, la bourgeoisie, le peuple fraternisent dans ce culte; c'est, du haut en bas de l'échelle sociale, le même étalage, offert et recherché, des pires saloperies (1). Le régal est plus ou moins raffiné, plus ou moins coûteux ; les suites sont les mêmes, avec certaines aggravations pour le peuple, favorisé comme toujours. La difficulté, pour les familles ouvrières, de garder les enfants, l'éducation de la rue, la promiscuité de l'usine, de l'atelier, où le garçon, la fillette entrent si tôt, donnent leur plein effet au funeste enseignement reçu dès le plus bas âge (2).

Contre tout cela nous pouvons peu de chose, mais ce peu est mieux que rien ; et tout ce que nous pouvons, nous devons le faire, non seulement comme hommes, mais aussi comme militants. Nulle révolution sérieuse ne sera l'œuvre de générations pourries d'avance par la débauche précoce.

Il y aurait d'abord, non pour nous, éducateurs, mais pour le père, pour la mère de famille, une tâche délicate et nécessaire à remplir : faire connaître à l'enfant, au moment où la puberté va commencer, la loi des sexes, ce que doit être leur union, la gravité de tout ce qui s'y rapporte, le danger des excitations prématurées. Entre les répugnantes initiations par le confessionnal et le silence complet, qui abandonne l'enfant aux curiosités malsaines, aux révélations grossières, il y aurait place pour une explication par le père ou

____

(1) Il serait abusif d'alléguer que, la pornographie étant une spéculation pour ceux qui en infectent le peuple, on y reconnaît un avatar du capitalisme et que, par suite, la classe dirigeante en est seule responsable. Si, par votre docilité, vous vous faites complices du capitalisme, qu'avez-vous à lui reprocher?

(2) Je ne parle pas ici de l'immense armée du vice et du crime; mais elle est alimentée, la misère aidant, par le déchet de milieux plus ou moins corrompus, auxquels je pense.

par la mère, suivant le sexe de l'enfant, sur l'existence d'une loi naturelle que l'on retrouve partout dans le monde de la vie. Donnée avec tout le sérieux qu'y attacherait un père ou une mère, prenant un caractère scientifique sans pédanterie et aboutissant à un conseil d'hygiène physique et morale, cette explication laisserait une impression profonde dans le cœur de l'enfant; elle corrigerait en quelque mesure l'effet de révélations antérieures, d'une tout autre sorte, s'il s'en était produit, et prémunirait contre des périls qui peuvent être ignorés ou mal aperçus même après les plus dégradantes initiations

Par malheur, il faut reconnaître que très peu de parents sont actuellement capables de donner à leurs enfants la leçon que j'indique (1). Ceux qui y seraient le plus aptes oseraient à peine le faire, non seulement pour les difficultés réelles que la chose comporte (par exemple, le choix du moment où l'on aborderait ce sujet pour la première fois), mais aussi par une fausse pudeur, héritage de l'enseignement ecclésiastique, et par l'immémoriale habitude d'abandonner au prêtre tout ce qui concerne la morale sexuelle. Il est infiniment à souhaiter que des personnes compétentes (de préférence un médecin, une doctoresse) veuillent et sachent mettre entre les mains des parents de bonne volonté un guide simple, pratique, familier, inspiré par la connaissance des réalités vraies, particulièrement de celles où se meut la vie ouvrière (2).

-----

(1) Je ne veux pas dire une leçon unique, mais une suite de causeries, méthodiquement disposées, sur ce sujet.

(2) Des ouvrages de ce genre ont été publiés par des écrivains de langue anglaise et traduits en français. Ils sont très sérieux, très estimables, mais gâtés par une religiosité protestante qui les rend impossibles à propager dans nos milieux. Ils sont d'ailleurs trop longs pour nous et écrits sans préoccupation de la vie ouvrière. Néanmoins, ceux d'entre nous que cette grave et dif-

Cela dit, je reviens à la pornographie (1).

Agir directement contre l'étalage d'immondices qui, sur les murailles, aux kiosques, à la vitrine des papetiers, accroche le regard de l'enfant, de la jeune fille, aussi bien que de l'homme fait, ne nous est guère facile ; en tout cas, je ne puis aborder ici un sujet aussi complexe. Mais tous ceux qui ont le souci de l'enfance ouvrière, parents et militants, ont le devoir de ne jamais l'exposer, soit dans les fêtes de leurs organisations, soit dans des endroits publics, à voir ou à entendre des saletés. Lorsque la chose arrive — et elle n'est que trop fréquente — ce ne sont pas seulement quelques impressions malsaines ajoutées à beaucoup d'autres ; c'est une espèce de consécration de l'ordure, puisque les parents sont là, puisqu'ils rient en regardant ça, puisque les militants, ceux qui vont

------

ficile question intéresse pourront lire avec fruit : *Ce que toute fillette devrait savoir*, par Mme WOOD ALLEN, et *Ce que tout jeune garçon devrait savoir*, par SYLVANUS STALL. La collection (Sexe-Séries) comprend d'autres volumes destinés à la jeunesse et à l'âge mûr. On trouvera ces ouvrages, à Paris, chez l'éditeur Fischbacher.

(1) Les publications d'allure policière, les histoires de crimes, avec leurs images sanglantes, ne sont guère moins détestables que les feuilles pornographiques. D'ailleurs, les unes complètent les autres, et leur fusion est le triomphe du genre. Comme une surexcitation constante émousse vite les sens, il faut les réveiller par de l'horrible. Romans-feuilletons imbéciles, faits-divers monstrueux, hideuses publications à images ordurières et féroces, c'est l'école du sadisme, qui mène les alcooliques, les déséquilibrés, à couper des fillettes en morceaux, après les avoir conduites au café-concert.

Dans les journaux socialistes, dans les milieux syndicalistes, on proteste parfois contre l'étalage de répugnantes histoires de crimes; on n'ose pas le faire — sauf exceptions très honorables — contre les publications spécialement pornographiques. Cela demanderait plus de courage.

changer la société, sont réunis solennellement pour écouter ça (1).

Il y a un certain nombre d'années, le secrétaire d'un syndicat m'ayant demandé ma collaboration à une fête corporative, je la lui promis en lui disant mon vif désir que le programme fût propre, car j'avais entendu des choses bien dégoûtantes, quelques jours auparavant, dans une réunion analogue. Il m'assura de très bonne foi que, dans son comité, on était soucieux de la correction du programme ; mais on n'avait, suivant l'usage, rien contrôlé. J'avais repassé pour la circonstance un magnifique récit de Victor Hugo : *Guerre civile*, et, du même auteur, cette délicieuse bluette anti-militariste : *Le vrai dans le vin*. Ce que j'avais redouté se produisit. Ce ne fut pas, je l'avoue, sans honte que je fis entendre la parole du grand poète entre les choses dites par deux lugubres poufflasses, dont l'une me précéda et l'autre me suivit sur l'estrade. La seconde chantait, avec quelle mimique, vous le devinez :

> Suzon, t'as raison d'montrer tes nichons...
> Suzon, t'as raison d'rel'ver tes jupons...
> Suzon, t'as raison d'prend' leur pognon
> A tous ces vieux cochons...

Ils écoutaient ça en l'honneur de l'idée syndicale, les bons travailleurs, les plus honnêtes, les plus sérieux, les meilleurs de la corporation, et ils avaient mis leurs habits du dimanche pour écouter ça ! Et

---

(1) Les travailleurs ayant le respect d'eux-mêmes et le souci de l'action exercée par leur classe devraient encore éviter avec soin, devant des enfants, des adolescents, tous propos d'une certaine nature, et cela, non pas seulement dans la famille, mais aussi à l'atelier. En ce qui concerne ce dernier point, j'ai lu, dans le *Réveil des Mécaniciens*, un article qui honore son auteur, le camarade Loyau.

leurs femmes, leurs filles, leurs petits garçons, écoutaient ça aussi ! Est-ce que, par hasard, il aurait passé par la tête de certains militants que la « reprise » indiquée par cette chanteuse était dirigée contre le capitalisme, et que « Suzon, t'as raison » était une estimable révolutionnaire ? Non, ils ne se disaient pas cela ; les uns riaient, les autres étaient gênés ; ils subissaient l'indécence et la stupidité de ce répertoire parce que c'était conforme aux habitudes... Moi, je souffrais pour eux, pour leurs femmes, pour leurs enfants ; j'aurais voulu leur crier : « Je vous aime bien, camarades ; mais il y a des moments où vous n'êtes pas fiers (1) ! »

Eh bien, il faut être plus fiers que ça. Quand nos pupilles assisteront à une fête, il faut que rien n'y soit pour eux une flétrissure. Laissons dire les inconscients qui nous traiteront de bégueules. Nous ne craindrons pas le verbe hardi d'un Molière, même les plus vertes répliques de Dorine à Tartufe, ni aucune parole, si crue soit-elle, qui sera franche et honnête ; mais nous devrons condamner sans appel tout le cynisme grossier, toute la basse gaudriole, tous les sous-entendus graveleux qui sont à leur place au beuglant, pour les crétins qui veulent s'en repaître, mais non pas chez nous, travailleurs, socialistes, hommes de l'avenir (2).

---

(1) J'écris en ce moment pour les ouvriers ; mais je peux dire en passant que l'on entend aussi des saletés dans les fêtes corporatives d'instituteurs et dans les petites A qui ont leur siège à l'Ecole. Dans une soirée donnée par le proviseur d'un lycée, j'ai entendu des turpitudes dites ou chantées par des professeurs, qui étaient venus là avec leurs femmes.

(2) Le sujet que je viens de traiter ne m'a pas offert l'occasion de donner mon avis sur la coéducation des deux sexes, pratiquée dans tous les groupes de pupilles ; mais cette question peut y être rattachée. Je considère la coéducation, dirigée avec la prudence nécessaire, comme une excellente chose, bien plus normale que la séparation des sexes. Elle a, entre autres mérites, celui d'atténuer la grossièreté masculine, que dans notre pays la jeunesse et

X

QUESTIONS DIVERSES — L'ESSENTIEL

Me voici parvenu au terme de cet exposé, que je regrette de n'avoir pas su faire plus court. Je suis partisan, comme vous, d'une fédération de nos groupes ; les idées que nous avons agitées, et bien d'autres, pourront y être discutées utilement.

Et bien d'autres, ai-je dit... Par exemple, qui doit prendre l'initiative et la direction de ces groupes ? Une coopérative ? L'union locale des syndicats ? L'une ou l'autre ; mais je préfère, comme chez nous (1), l'association de ces deux éléments, en y joignant le parti socialiste. Sur ce terrain très limité : l'éducation de l'enfance ouvrière, une triple entente me paraît possible ; et, quand elle l'est vraiment, je la crois bonne. Contenu par deux groupements ouvriers, le groupement socialiste ne fera pas de politique électorale ; le syndicat atténuera pour un moment sa combativité ; la coopérative son particularisme.

Faudra-t-il accueillir tous les enfants que l'on nous amènera, ou seulement ceux des militants ?

Quels seront nos moyens de discipline ? L'exclusion, temporaire ou définitive, ne s'imposera-t-elle pas en certains cas ? Y aura-t-il d'autres sanctions, personnelles ou collectives, et lesquelles ?

Aurons-nous un local à nous ? C'est peut-être bien difficile, mais c'est vivement à souhaiter. Si nous avions un local, je voudrais qu'il fût propre, gai, décoré avec sobriété et avec goût, et que les affiches criardes ou quelconques y fussent remplacées par de belles

____

même parfois l'enfance poussent à un degré si révoltant. Ceci est dit pour toutes les classes de la société.

(1) Au XIVe arrondissement de Paris.

reproductions d'œuvres de maîtres, choisies de façon à pouvoir intéresser ou charmer des enfants (1). Les unes, ayant pour nous une valeur de symbole en même temps que d'art, et très soigneusement choisies, pourraient être à demeure sur nos murailles; les autres, dont les sujets nous toucheraient moins directement, seraient renouvelées à certains intervalles, grâce à des cadres passe-partout (2).

J'ai l'air de rêver, comme Jean-Jacques, à ma petite maison blanche avec des contrevents verts... Si mon rêve est trop irréalisable, j'en caresserai un autre, bien plus modeste : la création d'une toute petite bibliothèque pour nos pupilles ou anciens pupilles ayant atteint l'âge de quinze ans. Ceux-là sont en apprentissage ; nous ne pouvons les voir que le dimanche, et ils peuvent cependant rester en contact avec nous par les livres prêtés et les conversations auxquelles ces ouvrages donneront lieu à l'occasion. Mais avec quel soin je voudrais que leurs livres fussent choisis ! J'en aimerais mieux cinq excellents, en tout, que cinquante parmi lesquels il y en aurait quarante-cinq excellents et cinq mauvais.

Je mettrais dans cette bibliothèque des ouvrages

---

(1) Et aussi par des œuvres contemporaines, choisies parmi les meilleures qui aient été faites pour la décoration des écoles : paysages, marines, travaux des champs... Je parle d'œuvres décoratives en couleurs. Quant aux reproductions des tableaux de maîtres, ce seraient d'excellentes photographies, ou des estampes en couleurs, pourvu qu'elles fussent vraiment bonnes. Je ferais une place à l'art japonais, si observé, si délicat, et en même temps si gai pour des yeux d'enfant.

(2) Je n'écarterais pas les sujets religieux de cette seconde catégorie de reproductions, ayant pour nous, exclusivement, une valeur d'art, parce que ce serait proscrire d'incomparables chefs-d'œuvre; mais je connais assez le fanatisme anticlérical pour soupçonner que tous les camarades n'approuveraient pas mes idées à ce sujet.

appartenant aux genres les plus divers : sciences, histoire, voyages, questions sociales (1); mais c'est aux œuvres d'imagination que je ferais la plus large place. Pourquoi ? Parce qu'entre quinze et vingt ans c'est un besoin d'en lire, et que, s'il n'est pas satisfait comme on doit le désirer, ce besoin le sera n'importe comment.

Une question délicate se pose. Allons-nous exiger que les romans et autres ouvrages prêtés à nos pupilles ne contiennent, fût-ce d'une façon incidente, aucune idée combattue dans nos milieux ? Par exemple, une conception tant soit peu chrétienne, ou déiste, ou patriotique à un degré quelconque ? Alors il faudrait renoncer, en fait, à toute la littérature, excepté à un nombre infime de belles œuvres directement inspirées par la lutte sociale contemporaine. Encore pourrait-on découvrir dans ces dernières toute sorte de matières à discussion. Pour autant que cela dépendrait de moi, je serais beaucoup plus large (2). Je ferais place, dans notre bibliothèque pour les adolescents, à toute œuvre belle ou charmante, pourvu qu'elle fût saine et ne me parût pas dépasser leur âge, et qu'il en rayonnât de la vérité, de la justice, de la gaieté, de la tendresse humaine... Les *Misérables* de Victor Hugo y voisineraient

---

(1) Livres qui se trouveraient être pleinement accessibles à des adolescents, ou qui leur seraient destinés, comme l'excellente *Histoire anecdotique du Travail*, par Albert Thomas.

(2) Il n'y a ici, à mon avis, aucune contradiction avec ce que je disais plus haut sur la nécessité de réserver certaines questions. Autre chose est une croyance, une opinion exprimée dans un livre, et qu'un autre livre pourra contredire; autre chose un enseignement donné aux pupilles au nom des camarades. La bibliothèque, d'ailleurs, serait réservée aux adolescents, qui commencent à penser par eux-mêmes. Enfin, si les mots : *Dieu* ou *patrie*, incidemment rencontrés, suffisaient à faire écarter un livre, il faudrait, je le répète, rejeter à peu près toute la littérature. Par exemple, on ne pourrait pas garder un seul ouvrage de Victor Hugo ou de Michelet.

avec la *Mère*, de Gorki; l'*Entr'aide*, de Kropotkine, avec l'*Insecte* et l'*Oiseau*, de Michelet; je n'oublierais ni les romans de Dickens ni ceux d'Eugène Le Roy, et pas plus les poétiques paysanneries de George Sand que les tableaux réalistes de Guillaumin...

Je termine. Ce ne sera pas sans vous dire, cher camarade, combien m'ont touché certains passages de votre article, où vous parlez de l'enfance en termes qui, venant du cœur, savent parler au cœur. Je crois que je m'entendrais fort bien avec vous en matière d'éducation ; mais toutes les divergences d'idées, lorsqu'il en est, sont peu de chose comparées à un sentiment commun, s'il est sincère et puissant. L'essentiel est de les aimer, ces petits, dont le cœur se laisse gagner si vite par qui les aime ; et c'est dans notre affection pour eux que nous devons tous, ouvriers de la même œuvre, nous rencontrer et nous unir.

TABLE DES MATIÈRES

Imp. coopérative ouvrière  Villeneuve-Saint-Georges
26, rue Hermand-Daix   (S.-et-O.)

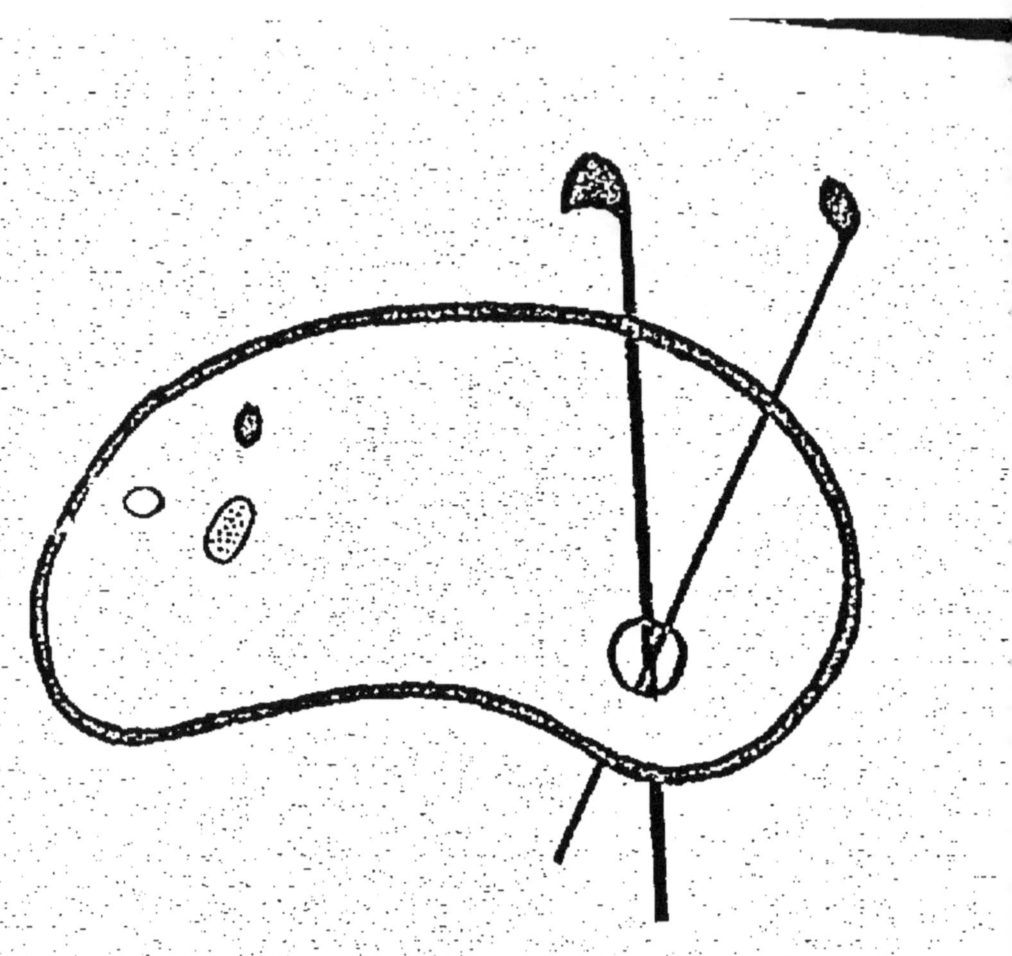

ORIGINAL EN COULEUR
NF Z 43-120-8